La boisson des champions

Danielle Simard

Illustrations : Bruno St-Aubin

Directrice de collection : Denise Gaouette

Rat de bibliothèque

Données de catalogage avant publication (Canada)

Simard, Danielle, 1952-

    La boisson des champions

    (Rat de bibliothèque. Série bleue ; 3)
    Pour enfants de 7 ans.

    ISBN 2-7613-1332-1

    I. St-Aubin, Bruno. II. Titre. III. Collection : Rat de bibliothèque (Saint-Laurent, Québec). Série bleue ; 3.

PS8587.I287B64 2002   jC843'.54   C2002-940111-9
PS9587.I287B64 2002
PZ23.S55Bo 2002

© ÉDITIONS DU RENOUVEAU PÉDAGOGIQUE INC., 2002
Tous droits réservés.

On ne peut reproduire aucun extrait de ce livre sous quelque forme ou par quelque procédé que ce soit – sur machine électronique, mécanique, à photocopier ou à enregistrer, ou autrement – sans avoir obtenu, au préalable, la permission écrite des ÉDITIONS DU RENOUVEAU PÉDAGOGIQUE INC.

Dépôt légal : 2e trimestre 2002
Bibliothèque nationale du Québec
Bibliothèque nationale du Canada

IMPRIMÉ AU CANADA   34567890 IML 0987654
                              · 10502 ABCD   JS16

Simon et Francis aiment courir.
Chaque fois, Simon crie :
—Cette fois, je serai champion !
Chaque fois, Francis gagne la course.
Simon en a assez. Il veut gagner.

Simon se demande :
— Quel est le secret de Francis
    pour courir aussi vite ?
Bien sûr ! Simon aurait dû y penser !
Francis a toujours **UN** jus de tomate
et **TROIS** bâtonnets de carotte dans sa boîte-repas.

—Pour être champion, je dois faire mieux que Francis, pense Simon.

Tous les midis, Simon boit **DEUX** jus de tomate.

Il mange **SIX** bâtonnets de carotte.

Il est sûr d'être champion...

Mais dans combien de jours ?

Deux semaines plus tard...
Simon a bu 28 jus de tomate.
Il a mangé 84 bâtonnets de carotte.
Et il n'a pas gagné une seule course !
Le secret de Francis ne se trouve pas
dans le jus de tomate. Mais où se cache-t-il ?

Un soir, Simon regarde la télévision.
Soudain, une annonce attire son attention.
Simon reconnaît Tom Biron,
le coureur le plus rapide de la saison.
Tom Biron est l'idole de Simon !

Tom Biron, le grand champion, sourit.
On dirait qu'il sourit juste pour Simon.
Aussitôt, une chanson retentit dans le salon :
« Buvez *Frisson* !
   C'est la boisson des champions ! »

C'est incroyable !
Tom Biron court plus vite qu'une voiture de course.
Simon ne connaît pas le secret de Francis. Tant pis !
Il connaît maintenant le secret de Tom Biron.
Vive la boisson *Frisson* !

La mère de Simon refuse d'acheter la boisson *Frisson*.
—Non, c'est non !
Les boissons trop sucrées, c'est du poison !
Mais rien n'empêchera Simon de devenir champion.

Simon vide son petit cochon.

Il vend sa collection.

Il cache sous son lit des litres de boisson *Frisson*.

Il en boit jusqu'à ce que son bedon soit bien rond.

Bientôt, il sera champion.

Simon boit de plus en plus de boisson *Frisson*.
Il court de moins en moins vite.
Sa peau se couvre de boutons.
On dirait de petits champignons.

Simon rougit. Il étouffe aussi.
Son short est devenu trop petit.
Son ventre fait des drôles de bruits.
On dirait un moteur qui vrombit.
Ses amis se moquent de lui.

Encore une fois, Simon crie :
—Cette fois, je serai champion !
Il ne finit même pas la course.

 14

Non ! Le secret de Tom Biron ne se cache pas
dans la boisson *Frisson*.
Où se cache-t-il alors ?
Et où se cache le secret de Francis ?

Il n'y a pas 36 façons
de devenir champion.
S'entraîner est la vraie solution.
Simon l'a compris pour de bon.